# FRAGMENT

## D'UNE LETTRE

EXTRAITE DE LA CORRESPONDANCE MÉDICALE

DU DOCTEUR RICHARD-CALVE,

MÉDECIN A VAUVERT,

*Associé-Correspondant de la Société royale de médecine de Nismes, de celles de Marseille, Evreux, du Cercle chirurgical de Montpellier, etc.*

## LETTRE XIV, AU D. N.

Plus je me nourris, mon cher ami, de la lecture d'Hippocrate, plus je me sens pénétré, à ce nom seul, de respect et de vénération. On voit que ses connaissances lui sont toutes acquises par l'observation. Il étonne par l'étendue de son génie ; il aborde tous les sujets ; rien n'échappe à son esprit pénétrant. Il n'est pas jusqu'aux désagrémens attachés à la pratique de l'art qu'il ne mentionne ; et ce souvenir lui arrache cette énergique expression : « il n'y a que l'amour des hommes qui puisse soutenir le médecin. » *Si enim adfuerit ergà homines amor, etiam adest amor ergà artem.* Cette parole mémorable en dit plus et renferme à elle seule, plus de sens que le tableau le plus animé et qu'un récit de détails. Les mobiles ordinaires des actions des hommes sont regardés comme insuffisans par le père de la médecine, pour en faire supporter les peines ; il juge l'échange trop disproportionné, pour que l'homme qui n'aurait en vue dans ses déterminations que le soin de sa fortune , persiste dans l'exercice de cette profession. Il estime qu'il se hâtera d'en déserter les bannières pour s'adonner à quelqu'autre genre de travail qui lui offre une compensation relative. Cette parole renferme à la fois implicitement la peinture expressive des inconvéniens de la pratique, l'éloge et le désintéressement des médecins , des conseils à ceux qui n'y verraient qu'un moyen de trafic, et divers jugemens sur l'humanité. Comme elle décèle le génie de son auteur ! A elle seule , elle servirait de texte par sa richesse aux plus sublimes discours. Néanmoins on ne peut , en la méditant, se défendre d'un sentiment de tristesse et de découragement. Et toi aussi homme divin , tu as été abreuvé à la coupe amère de la douleur ....! Si la sublimité de ton génie n'a pu te servir de bouclier contre ses atteintes , tout espoir de bonheur n'est-il pas évanoui pour nous ? Ah ! oui , sans doute, l'amour des hommes peut seul soutenir le médecin ....! Que de pensées diverses et quelle concision dans cette sentence ! Que de justesse et de vérité ! En effet , qu'elle est pénible la position du médecin sensible qui, appelé dans une famille éplorée, est obligé d'affecter le calme de l'indifférence et le sang froid de la raison, au milieu des agitations convulsives du désespoir et les cris déchirans de la désolation ! Forcé de concentrer en son cœur les émotions qu'il éprouve , d'opposer aux mouvemens qu'elles font naître une résistance qui les réprime , les anéantisse et ne les laisse pas paraître au dehors, est-il d'épreuve plus douloureuse pour sa sensibilité que ce combat intérieur ? L'opposition morale au développement libre de mouvemens organiques suscités, l'opposition de l'âme aux mouvemens du cœur, donne lieu à des modes violens et inverses d'action dans la direction des forces. Or, rien n'épuise et n'use davantage le principe vital, rien n'est plus fatal à l'existence que ces sortes d'actes, en ce qu'ils occasionent comme une espèce de distraction dans les liens vitaux, et qu'ils intervertissent, affaiblissent ou suspendent, dans les organes essentiels, l'ordre des mouvemens et les rapports d'influence sympathique nécessaires à l'exercice de la vie. L'antipéristase que ce combat amène dans la marche des divers mouvemens internes est plus funeste et plus fatigante qu'un simple état nerveux ou spasmodique. Ici les mouvemens ne sont qu'arrêtés ; là il y a interversion complette ; c'est un mouvement inverse qui, forcément, doit se substituer au premier.

Si les tribulations du médecin-praticien ne lui survenaient que du spectacle de la douleur ou de l'injustice des hommes, il trouverait, dans l'accomplissement de ses devoirs et le redoublement de son zèle, une consolation assurée et indépendante de l'instabilité des choses humaines. Il puiserait encore de nouveaux motifs dans ses réflexions sur la condition de l'homme dans les diverses classes de la société, sur le but de son existence et de sa création, sur la tâche qui lui est imposée, sur sa destination, sur les illusions et les fausses idées qu'il se fait du bonheur, sur le faux point de vue sous lequel il considère les objets qui l'entourent, etc. Il se souviendrait d'ailleurs que l'adversité est le poste d'honneur, comme l'a dit Addisson (*The spect.* n.° 237 ) où le ciel aime à placer les âmes les plus nobles. En d'autres termes la philosophie et la religion seraient pour lui une source intarisssable d'un bonheur calme et pur. Le contentement du cœur et la sérénité de l'âme seraient le prix de son dévouement et de son zèle. Mais combien n'a-t-il pas souvent à souffrir de maux encore plus déchirans ?

Tantôt le charlatanisme , l'ignorance et ses victimes le feront gémir sur les misères de l'humanité. D'autres fois son cœur innocent devra supporter en silence le venin de la plus affreuse calomnie. Les sensations les plus cuisantes qui lui soient réservées lui viennent de ces pseudo-médecins dont toute la sollicitude est le soin de leur réputation et de leur fortune. Ce n'est pas à eux que s'adresse Hippocrate. Il n'accorde le titre de médecin qu'à celui qui sait en soutenir la dignité et l'honorer par ses vertus. Aussi regarde-t-il l'amour des hommes comme la première qualité et le premier mobile du vrai médecin. Cessez , dirait-il aux faux adeptes , cessez de cultiver un art dangereux en vos mains. Hâtez-vous de déserter le temple sacré d'Epidaure ; gardez-vous d'y rentrer jamais ; n'en franchissez jamais le seuil ; votre présence en souillerait la pureté ; ce n'est pas ici un lieu de négoce ni de trafic. Ici la philantropie est le seul culte qu'on y professe , et la satisfaction de soi-même, la seule récompense qu'on y obtienne. *Ejiciebat omnes vendentes et ementes in templo ..... fecistis domum meam ( orationis ) speluncam latronum.* Evang. *Math.* 21.

Malheureusement c'est un vice inhérent à la nature des choses humaines, que le bien et le mal soient confondus et inséparables ; mais , si chaque praticien ne recherchait jamais que l'intérêt du malade et faisait en sa faveur abnégation de tout amour-propre , on verrait moins souvent entre les médecins réunis en consultation, de ces dissidences d'opinion qui sont le désespoir des familles , la honte de l'art et la risée d'une populace impudente. L'attachement à ses devoirs est la première des conditions , mais ne suffit pas toujours pour parvenir à leur accomplissement. Il est encore des égards et des convenances à observer et auxquels n'hésite pas de s'asservir le médecin que l'amour des hommes guide plus que l'égoïsme, et qui, avant de se faire valoir, cherche d'abord à guérir. Quelles que soient les dispositions de cœur que l'on éprouve pour des collègues réunis auprès du même malade, la décence exige qu'on bannisse en ce moment tout sentiment d'aigreur et qu'on dépose tont air de suffisance, de prétention et de mépris. L'urbanité dans les manières, jointe à une noble réserve et à une modeste simplicité, doit présider aux conférences que réclame l'examen du malade. Quant aux discussions relatives à la détermination de la nature de la maladie et à la préscription des moyens curatifs, elles ne doivent avoir lieu qu'en particulier. Rien de ce qui s'y passe ne doit être répété. On doit se contenter de rendre compte du résultat convenu et adopté. Celui dont l'opinion a prédominé ne doit pas s'en prévaloir ; il s'attirerait par cette déloyauté le ressentiment de ses confrères et s'exposerait à voir ses avis, quoique fondés, unanimement rejetés dans les réunions ultérieures. Le secret est l'âme des consultations ; il offre une garantie à la liberté des opinions. Celle-ci peut enfanter parfois des idées ridicules ou même extravagantes ; mais leur discussion, en éveillant les esprits, fera jaillir des torrens de lumière et conduira plus sûrement sur la voie de la vérité. Comme les travers de l'esprit sont quelquefois l'apanage de l'homme le plus instruit ainsi que de l'ignorant, tout le monde peut avoir son tour. Chacun des consultans devra exposer avec fermeté ce qu'il croit utile, et combattre avec force les avis opposés ou les adopter sans entêtement, s'ils sont dans l'intérêt du malade. Quelque vive que soit une discussion, si on sait y apporter les formes de cette politesse adroite dont ne manque jamais l'homme d'esprit, on n'irritera pas l'amour-propre de ses confrères, et avec quelques concessions insignifiantes, on se conciliera sans peine leur assentiment.

Si ces règles étaient sévèrement observées, les consultations seraient plus fréquentes et plus profitables à l'humanité. Il n'y a que la mauvaise foi et l'orgueil de la sottise qui refuse de s'y astreindre. On s'accorderait presque toujours, si l'amour des hommes présidait seul à ces réunions. Mais comment s'accorder avec quiconque ne vit que d'intrigue, de cabale et de calomnie ? toute espèce de rapprochement est impossible avec de pareilles gens. Ils les éludent et les redoutent d'ailleurs par la conscience qu'ils ont de leur petitesse. On les reconnaît à leur dédain pour les conseils d'un confrère éclairé, et à leur docilité servile à se conformer aux avis du vulgaire et des bonnes femmes dont ils s'entourent et briguent l'appui. Quelle discrétion y a-t-il à espérer de la part d'êtres réduits à cet état de dégradation et d'avilissement ? À ce propos, mon ami, je veux te raconter un anecdote dont j'ai vérifié l'exactitude.

Un médecin distingué donnait ses soins à un apoplectique. Il l'avait fait placer et le faisait contenir par deux hommes dans un fauteuil ; il avait désigné cette attitude comme préférable à cause des avantages de la position verticale du tronc et de la tête dans cette maladie, à cause de la facilité qui en résultait pour l'administration d'un pédiluve sinapisé, et enfin à cause de l'aisance que le malade en retirerait lors des efforts du vomissement. Il avait prescrit une potion avec $R.$ infusion d'arnica ( refroidie ) six onces ; éther sulphurique, demi-gros ; alcool de canelle, douze gouttes ; conserve d'angélique, un gros ; tartre stibié, quatre grains. On la donnait par cuillerées, toutes les dix minutes, alternée avec quelques cuillerées de thé. Il était à attendre patiemment la manifestation du vomissement. Sur ces entrefaites, parmi la diversité des conseils que ne manque jamais de donner cette foule importune qu'attire la curiosité, un entr'autres prit de la consistance, grâce aux fatigantes menées de ses femelles auteurs. Il était question de procurer au malade des secousses vives et réitérées qui le retirassent de son assoupissement. Le médecin fit prompte justice de ce moyen dangereux et le rejeta. La coterie féminine fut piquée de cette désapprobation. Tu conviendras pourtant, mon ami, que l'amour-propre ne devrait pas s'irriter de ce que notre savoir est trouvé en défaut dans des connaissances étrangères au cercle habituel de nos occupations. Mais la passion fausse le jugement, et tel est le trait caractéristique de l'esprit de parti que, par toutes les voies possibles, il veut atteindre son but. Aucun sacrifice ne lui coûte, aucune démarche honteuse ne lui est pénible. Un émissaire est dépêché vers un de ces hommes que j'ai qualifiés plus haut. Celui-ci, instruit du rôle qu'il doit jouer, harangue d'abord le public dans le sens de la coterie et après avoir bassement usurpé son approbation, pénètre auprès du malade, déclare hautement qu'on doit le secouer avec force et l'étendre dans son lit. Sans égard pour la remarque du médecin qui lui fait observer que c'est par son ordre que les secousses n'ont pas été pratiquées, il se met en devoir de consommer son œuvre. Il s'agissait de prévenir un malheur. Le médecin est obligé d'employer la violence ; mais ici cette démarche l'honore : car, pour qui se respecte, abandonner sa dignité est un effort trop pénible à l'amour-propre, pour qu'on ne lui sache pas gré de ce sacrifice tourné au profit d'une bonne action. « Ne voyez-vous pas, s'écrie en même temps le médecin, que des secousses un peu vives ont suffi, dans certaines circonstances, pour décider à elles

seules , des attaques d'apoplexie ; que vous déter-
minerez une commotion cérébrale qui compliquera
défavorablement la maladie primitive, ou bien que
l'ébranlement physique occasionera la rupture des
petits vaisseaux , aggravera l'épanchement ou même
le fera naître ? » Ces paroles prononcées avec l'accent
de l'indignation, et le calme énergique que donne la
conviction, lui firent lacher sa proie; j'aurais pu dire sa
victime. Surprendre quelqu'un en faute, le convaincre
publiquement de ses torts, dévoiler au grand jour son
ignorance et son ignominie , est une recette peu propre à l'appaiser et à le rendre traitable. Aussi il
dissimule un instant , mais bientôt il cherche à
assouvir sa rage, et, semblable à un énergumène ,
il...........

Cette conduite n'est-elle pas du plus infâme et du
plus stupide des hommes ? Des secousses dans l'a-
poplexie .....! eh! que ne pratiquait-il le trépan ?
Mais jettons un voile épais sur toutes ces horreurs;
et puisqu'il est question d'apoplexie, discourons un
instant sur le traitement convenable à cette maladie.

Une autre source d'affliction pour le médecin
philantrope, c'est de voir la pratique de son art ,
exposée aux caprices de la mode ou au vagabondage
de l'imagination d'un hardi sectaire qui en a renié
les dogmes. Il n'est pas de siècle , il n'est pas de
pays qui n'ait vu s'élever dans son sein quelque
fougueux novateur. Leur orgueil inquiet les entraîne
hors de la route commune ; ils se sentent tour-
mentés du besoin de se distinguer de la foule ,
et leur génie se trouverait captif dans le sentier
étroit et tortueux de la vérité. Mais quand on songe
que le genre humain est affligé par des erreurs
bien autrement funestes à cause de l'éternité de leurs
conséquences , on se résigne..., et on cherche un
allègement à sa douleur dans l'espérance qu'un

jour le mystère de leur nécessité nous sera dévoilé. Sans rien pressentir sur les desseins de l'ordonnateur des choses, il est à remarquer que les sectes ont, humainement parlant, un coin évident d'utilité. Il en est des fausses théories en médecine comme des fausses religions. Sans elles nous tomberions dans la tiédeur et l'indifférence. Ce sont elles qui nous rendent vigilans à la garde du feu sacré de la vérité. Leur apparition éveille notre zèle ; pour nous garantir des séductions sophistiques de l'erreur, nous nous pénétrons mieux des dogmes fondamentaux et de leur véritable esprit ; nous nous rendons familiers avec tous les principes, tous les faits, tous les documens, tous les détails. C'est ainsi que nous conservons, exempte de toute alliance impure et que nous transmettons vierge et et entière aux générations à venir, la doctrine que nous ont léguée nos pères. Mais, par une fatalité attachée à l'imperfection de notre nature, l'usage amène l'abus. L'esprit de secte se transforme en fanatisme ; celui-ci ne craint pas de cimenter par des flots de sang humain l'édifice de ses opinions. Des milliers de victimes sont sacrifiées à son aveuglement et parviennent à peine à calmer ses fureurs. Au milieu de chocs opposés et de l'entraînement général, il n'est pas toujours facile de conserver une impassible neutralité et de se garantir de la contagion. On est quelquefois subjugué à son insçu. Je connais tel médecin qui combat le Broussaisisme de la meilleure foi du monde et qui sans s'en douter, s'y conforme en pratique. Ce système pullule partout ; il a pénétré jusque chez le vulgaire ; il s'est emparé de tous les esprits ; il a envahi tout le domaine de la médecine : semblable à l'ivraie, il a étouffé le bon grain. Il n'est pas de maladie dont il n'ait dénaturé les principes et interverti le traitement. C'est ainsi que l'apoplexie est regardée par ses sectateurs comme une hémorragie. Ils prennent les résultats des actes de la maladie pour sa cause formelle : ils négligent l'état antérieur de l'organisme, l'action des forces et la direction des mouvemens qui les ont amenés. C'eût été un travail trop pénible que de diviser cette maladie en plusieurs espèces. D'ailleurs cela entraînait la conséquence de traitemens divers et l'embarras n'eût pas été petit ; car l'echafaudage de leur système repose sur une idée principale. Il se réduit à peu près à la résolution de ce problème : *Une maladie étant donnée, trouver une théorie qui nécessite les évacuations sanguines.* C'est là leur panacée, c'est du sang qu'il leur faut. Bêtes féroces, m'écrierai-je avec Jean-Jacques, qu'en voulez-vous faire de ce sang ? Voulez-vous le boire ?

Les différences apportées dans cette maladie par le tempérament et la constitution de l'individu, par l'état des forces, par la nature du fluide épanché, ne sont point prises en considération ; ils n'admettent sans doute, *in petto*, que le tempérament sanguin, comme ils ne reconnaissent guère qu'un état morbide, savoir : l'irritation et ses diverses formes. Il fallait bien être conséquent.

Tenons-nous en pour un instant à leur définition de l'apoplexie. Lors même que celle-ci devrait toujours être considérée comme une hémorragie du cerveau, s'ensuivrait-il que la saignée et les sangsues soient constamment indiquées ? non sans-doute. Ces moyens seront utiles dans les cas de pléthore générale et locale. Ils préviendront l'épanchement ou l'arrêteront et dissiperont une congestion fâcheuse. Ils affaibliront l'activité excessive des mouvemens, et feront cesser le raptus

vers les parties supérieures. Ces indications remplies , ces dispositions morbides combattues , au-
ront-ils dissipé l'épanchement? non , ils n'ont fait
que dégager les forces de l'oppression dans laquelle
elles étaient enchaînées et rendre aux solides la liberté d'action. C'est par cette action que les vaisseaux absorbans qui , dans les cas supposés , jouis-
sent de toute la tonicité désirable , pourront tra-
vailler à la résorption du fluide épanché. Nul
doute que dans ces circonstances les irritans ne
fussent nuisibles en décidant un état d'irritation
déjà imminente , et en accélérant outre mesure le
mouvement du sang. S'il n'y a que congestion ,
les évacuations sanguines sont seules indiquées d'a-
bord et suffisent le plus ordinairement pour les
détruire. S'il y a épanchement , il ne peut se ré-
soudre que par un travail de la nature ; or ici
les tissus qui doivent l'opérer ont assez de force
pour l'obtenir , s'il est possible , sans qu'il soit
besoin d'en relever le ton par des excitans. Bien
plus , on doit souvent les affaiblir ; car l'excès de
ton nuit à leur action et se transforme en spasme
ou irritation.

Néanmoins quand les évacuations sanguines ont
été insuffisantes pour opérer le dégorgement et la
résorption , que d'ailleurs elles ont été assez abon-
dantes pour ôter toute crainte d'irritation et d'in-
flamation , et que d'autre part leur répétition
n'est pas jugée convenable , les révulsifs et les dé-
rivatifs irritans peuvent alors succéder avec avan-
tage. Mais une remarque qu'il ne faut pas perdre
de vue , c'est que la qualité irritante d'un remède
est relative au mode de sensibilité et à l'irritabilité. Il ne faut donc pas se borner ici aux révulsifs ordinaires. On choisira , pour leur application , les parties les plus sensibles et qui ont le

plus de rapports sympathiques avec l'encéphale. On donnera la préférence aux substances que l'on regarde les plus propres à favoriser l'action du système absorbant.

Il résulte de ce qui précède que l'ordre dans la succession de l'emploi des remèdes est une condition essentielle d'une bonne méthode de traitement et indispensable à la réussite. L'infraction à cet ordre les rendrait dangereux. Ainsi les sternutatoires, les lavemens purgatifs avec les antimoniaux, les sinapismes, les vésicatoires seraient absolument nuisibles, si, par des évacuations sanguines, on n'avait auparavant détruit l'orgasme et la pléthore, et affaibli les mouvemens fluxionnaires.

Tel est en effet le traitement qui convient aux apoplexies *sanguines* et chez les individus vigoureux. Mais elles ne se présentent pas toujours avec cet appareil sthénique et presque inflammatoire. On les rencontre fréquemment liées à un état opposé, chez des personnes d'un tempérament phlegmatique, dont la fibre est lâche et sans ressort, les mouvemens lents et sans énergie, et le système entier des fluides remarquable par la prédominance non équivoque de la sérosité. Dans ces cas, lors même que l'épanchement soit sanguin ( ou plutôt sanguinolent ), il ne serait pas prudent de beaucoup insister ou même d'avoir recours au traitement anti-phlogistique et débilitant.

L'apoplexie survient aussi chez les individus nerveux et d'une excessive irritabilité ; et ici les phénomènes morbides ne sont pas associés à un engorgement humoral. C'est par la condensation de la substance cérébrale que l'influence nerveuse et les rapports sympathiques ont été suspendus.

L'engorgement soit sanguin, soit séreux, et la

contraction tonique de la substance cérébrale ne sont pas toujours les résultats d'une action idiopathique et propre à l'encéphale. Ces phénomènes sont très-souvent dûs à des irradiations sympathiques suscitées par diverses actions exercées dans l'estomac ou autres parties.

Enfin la réunion de plusieurs de ces modes d'action peut concourir à la formation de cette maladie , et , par leur influence réciproque ou la diversité des proportions de leurs combinaisons , apporter des variations infinies dans le caractère propre à chaque cas de pratique.

Si l'existence de ces diverses espèces d'apoplexie ne peut être contestée , on conviendra que le traitement ne saurait être le même dans tous les cas. En consultant à cet égard, les médecins des diverses écoles, on retrouve toujours les mêmes faits et les mêmes idées , malgré la différence que chacun a apportée dans leur expression , selon ses opinions favorites sur la constitution de l'homme. Ainsi les divers praticiens ont successivement parlé d'apoplexies sanguines , séreuses , sthéniques , asthéniques, nerveuses , gastriques, etc. On voit que les solidistes eux mêmes , qui excluaient tout ce qui rappelait des idées d'humorisme , ont été forcés , par l'évidence des faits , de reconnaître des états opposés dans cette maladie , et ont remplacé les mots *sanguin* et *séreux* par les mots *sthénique*, et *asthénique*. Ils ont exprimé par des mots différens et conçu par des idées différentes deux états pathologiques respectivement analogues. Cette apparence de diversité d'opinions , loin d'être contraire à la réalité de ces faits divers , confirme l'exactitude de leur observation. Cela démontre les vices de chacune de ces dénominations qui ne représentent , ainsi que les systèmes exclusifs dont elles émanent , qu'une face des objets. Les modernes , mettant ces erreurs à profit , et faisant une fusion judicieuse de l'ensemble de ces idées que leur isolément rendait incomplettes , pourront former une doctrine qui embrasse la totalité des phénomènes et expose tous les modes d'action du corps humain dans l'état sain et malade. Ce travail , en établissant les rapports de tel état dynamique avec la prédominance de tel système organique ou de telle humeur , servira à démontrer sous quel point de vue général l'homme doit être étudié , et viendra confirmer cette belle et importante vérité du dogme de l'unité physiologique.

Une apoplexie purement *nerveuse* réclamera le musc , le camphre , les saignées légères , les sangsues à l'épigastre et autres parties , les pédiluves , les demi-bains tièdes , les embrocations antispasmodiques sur la région épigastrique , etc. Les antimoniaux et autres substances irritantes prises à l'intérieur seraient ici nuisibles. Les ventouses scarifiées sont quelquefois préférables aux vésicatoires.

Les apoplexies *par cause sympathique* exigent que le médecin porte ses vues sur la destruction simultanée de la cause et des phénomènes organiques , qu'il remédie d'une part aux lésions des fonctions et rappelle l'état normal de l'organe qui a été *le pars mandans* de la fluxion apoplectique ; et d'autre part qu'il combatte directement l'engorgement cérébral ; qu'il affaiblisse les mouvemens désordonnés des humeurs , et qu'il dispose , aide et facilite la nature dans la résorption du fluide épanché , à l'aide d'évacuations et de révulsions sanguines ou séreuses , selon l'état des forces et la nature du mal. Il serait trop long de passer en revue les espèces de ce genre qui sont très-multipliées. Je me contenterai de mentionner l'apopexie *gastrique* ( ce qui n'est pas synonyme d'apoplexie de l'estomac ). La multiplicité des connexions sympathiques et l'intimité des rapports qui unissent l'estomac au cerveau amènent fréquemment ces sortes d'apoplexies. Ce serait en vain qu'on emploîrait ici le traitement propre aux apoplexies idiopathiques. On doit s'attacher d'abord à corriger l'état de spasme ou d'irritation du système gastrique , si l'apoplexie a été occasionée par des causes de cette nature. Dans les cas de plénitude de l'estomac ou du système biliaire , les évacuans des premières voies seront tout d'abord employés. Les saignées générales aggraveraient l'état d'indigestion. L'affaiblissement qu'elles procurent ne ferait que diminuer la contractilité et la sensibilité de l'estomac et jetterait cet organe dans un collapsus qui anéantirait la possibilité de l'expulsion des matières qui le surchargent. Le malade ne tarderait pas de succomber affaissé sous le poids qui l'opprime. Cet effet aura d'autant plus sûrement lieu que l'estomac sera plus faible et plus surchargé ; que l'engorgement cérébral aura diminué davantage , par une compression plus forte , l'influence nerveuse ; que l'apoplexie sera plus asthénique ou séreuse, et que la cause du mal et sa continuité tiendront plus spécialement à l'affection de l'estomac et à la compression ou toute autre action exercée sur les nerfs de cet organe. Cette dernière cause suffit pour enchaîner l'action nerveuse du cerveau et détruire son influence sympathique, sans qu'il soit nécessaire qu'une lésion organique ait été déterminée dans le cerveau. La possibilité de ces phénomènes trouve son explication dans une loi primordiale de l'organisme qui établit en principe : que la liberté des rapports et l'influence réciproque des nerfs du cerveau et de ceux de l'estomac sont une condition indispensable à l'exercice de leurs fonctions.

Néanmoins il est des circonstances dans lesquelles la saignée doit précéder les vomitifs. C'est lorsque l'apoplexie est idiopathique et que survenant à l'issue d'un léger repas, celui-ci n'a pas influé sur sa formation, sur-tout si le malade est robuste et très-sanguin. Les vomitifs risqueraient d'augmenter alors le raptus du sang vers la tête et d'amener un ébranlement ou une irritation fâcheuse ; d'ailleurs la compression cérébrale étant diminuée par les saignées ou les sangsues au cou suivant le besoin, l'influence nerveuse du cerveau sera moins empêchée, l'estomac conséquemment plus sensible et plus contractile, et les forces en général moins opprimées. Quand le malade est peu robuste et que le repas est plus copieux, on ne devra pas d'abord risquer la saignée, mais se contenter des sangsues au cou, et passer bientôt aux évacuans des premières voies. Quand l'apoplexie survient après une orgie, qu'elle a lieu chez un tempérament très-sanguin et que la congestion cérébrale est très-abondante, on emploira simultanément les sangsues au cou et les évacuans des premières voies. Les saignées aggraveraient alors l'indigestion qui étoufferait le malade. Si l'énormité de la congestion cérébrale ne permettait pas d'attendre l'effet tardif des sangsues, et obligeait de recourir sur-le-champ à la saignée, dans ces cas on se hâterait de faire succéder l'usage des vomitifs. L'emploi de la saignée est au reste d'une application très-difficile dans ces cas épineux de la pratique. Il n'y a que la présomption de l'ânerie qui, incapable de prévoir tous les dan-

gers et de calculer toutes les chances, décide de
tout d'un ton tranchant et affirmatif et ne soit
arrêtée par aucune difficulté. C'est une chose ré-
voltante que la légèreté avec laquelle je vois
quelquefois prescrire des remèdes majeurs et dé-
cisifs dans les cas les plus embrouillés.

Enfin le traitement des apoplexies *séreuses*, *asthéniques*, réclame d'abord les excitans révulsifs,
les évacuans de la sérosité, les stimulans du système absorbant. Il s'agit ici de dégorger le cerveau
des sérosités qui l'encombrent, de provoquer l'excitation des forces, d'exciter la sensibilité générale, de soutenir l'action de tous les tissus, de
communiquer aux vaisseaux absorbans la tonicité
nécessaire pour détruire l'épanchement et, dans
tous les vaisseaux en général, de soutenir un de-
gré suffisant de contractilité qui prévienne leur
distension, accélère le cours des fluides. Vésicatoires
larges et multipliés sur les membres, le cou, la
tête ; sinapismes ; errhins ; antimoniaux à grande
dose à titre d'excitans et d'évacuans et sur-tout
lavemens fortement purgatifs ; tels sont les remèdes
convenables dans une apoplexie où l'on remarque
un caractère de ralentissement et d'atonie dans toutes
les actions organiques. L'apoplexie de cette espèce
est la plus grave et la plus fatale. Aussi n'est-il
pas facile de procurer aux tissus vivans un ressort
et un ton qu'ils ont perdus. L'on conçoit quel
funeste et rapide mal ferait la saignée dans ces
cas. Elle rendrait promptement mortelle, telle
apoplexie qui eût pu parvenir à guérison et ac-
célérerait toujours la mort. C'est une de ces vé-
rités qui appartient toute entière à cette précieuse
médecine d'observation, belle de vingt siècles d'an-
tiquité, et qui n'avait encore été attaquée que par
les déclamations mensongères de quelques rhéteurs

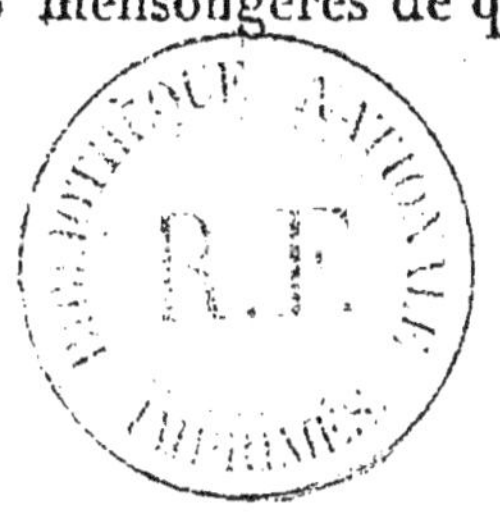

qui s'efforcent vainement de renverser le plus bel édifice qui soit élevé à la gloire de l'esprit humain.

Il est rare de rencontrer en pratique les maladies, dans un état de simplicité absolue. Ainsi depuis l'apoplexie la plus fortement sanguine ou sthénique jusqu'à l'apoplexie la plus séreuse ou asthénique , il existe des degrés infinis et des mélanges sans nombre qui apportent des modifications au traitement. Morgagni , et à son exemple Cullen, prescrivent la saignée dans les apoplexies séreuses. Mais Morgagni appelait de ce nom les apoplexies dont l'épanchement est sanguin dans l'intérieur du cerveau et séreux entre ses membranes. Or c'est l'épanchement essentiel qui devait assigner le caractère prédominant de la maladie. Morgagni n'a donc pas péché contre la thérapeutique , mais contre la nosologie.

Telle est, mon ami, la substance de mes idées sur cette maladie. Mais la science n'est pas l'art. Le praticien doit, à la connaissance des principes, joindre celle de leur opportunité actuelle : joignons donc l'exemple au précepte et terminons par une observation qui nous fournisse l'occasion de leur application pratique.

Un homme âgé de cinquante-cinq ans, dont le teint était d'un pâle-jaunâtre , d'un caractère paisible et réfléchi , pas du tout irascible , grave dans ses mouvemens, lent dans ses décisions, ne se livrant qu'à des travaux corporels modérés, d'une corpulence plus que moyenne , mais remarquable par la mollesse de la fibre et une plénitude lymphatique , ayant de la propension au sommeil après ses repas, et la respiration bruyante en dormant , offrant enfin tous les signes d'un tempérament lymphatico-bilieux , mange un jour des châtaignes qui pesent sur son estomac. (C'était durant la saison de l'automne (1) qui avait été légèrement pluvieuse et qu'avait précédé un été fort chaud : les fièvres rémittentes et les embarras gastriques et bilieux étaient fréquens à cette époque. ). La nuit se passa néanmoins sans incommodité ; le lendemain matin, il déjeune avec des anchois, olives, raiforts, etc. ; il va ensuite se promener et passe auprès d'un cloaque infect : arrivé dans la campagne, il s'y livre à quelques travaux légers, il se courbe et se relève en se plaignant d'un éblouissement et d'une sensation pénible dans la tête ; il s'assied, continue, en bégayant, d'articuler quelques mots, et bientôt il est sans connaissance, sans sentiment et sans mouvement. Des nausées se déclarent, il vomit une partie de son déjeuner ; mais bientôt il ne fait plus que des efforts impuissans. Les nausées persistent, le pouls est petit et concentré. On le transporte chez lui. D'après la connaissance des circonstances antécédentes, et vu l'aspect actuel du malade dont la face est pâle et blafarde, la chaleur moindre et la direction des mouvemens fixés du côté de l'estomac, le médecin ne juge pas à propos de pratiquer la saignée et se décide au contraire à seconder les efforts de la nature. Il prescrit une potion à la fois cordiale et vomitive ( 4 grains d'émétique ) ; on l'administre par cuillerées toutes les dix minutes, et dans l'intervalle plusieurs cuillerées d'une infusion de thé. Il cherchait par ce double

_______________

(1) « Au nombre des maladies de l'automne humide,
» dit M. *Baumes*, sont les vertiges, apoplexies et para-
» lysies par atonie et pléthore humorale ; elles deman-
» dent les évacuans par haut et par bas, les digestifs,
» les toniques. C'est ici que conviennent les fleurs d'arnica,
» les eaux de Balaruc, le polygala amara, remèdes qui nous
» sont familiers et dont nous avons quelquefois éprouvé
» des succès. » **V.** *Topograph. de Nismes*, p. 442, n.º 7.º

moyen à corriger l'affaissement de l'estomac surchargé, à solliciter plus puissamment sa contractilité
et sa contraction, et à soutenir l'action de tout l'organisme. Il ordonne en même temps un pédiluve
fortement sinapisé qu'il fait suspendre demi-heure
après, dans la crainte qu'il ne dérange l'ordre des
mouvemens qui doivent concourir à l'acte du vomissement. Une heure s'était ainsi écoulée. La
respiration libre et facile comme dans l'état ordinaire n'était bruyante que par intervalles. La déglutition se faisait très-bien. Aucune contraction,
aucun mouvement spasmodique ne s'étaient mani-
festés. Le pouls commençait de se relever, la chaleur était devenue ordinaire, le teint n'était plus
aussi pâle et blafard, ni les traits aussi abattus.
Même au jugement des parens, le malade offrait
l'aspect qui lui était habituel dans l'état de sommeil ; rien de morbide ne s'apercevait sur sa fi-
gure. Le médecin conservait *in petto* l'espoir de
son rétablissement. Il avait fait préparer vingt sangsues qu'il se proposait d'appliquer plus tard au cou
pour opérer un dégorgement local qui n'eût pu
que lui être utile, lors même que l'apoplexie eût
été purement séreuse. Car en désemplissant les vaisseaux sanguins, on donne du jeu à toutes les parties contenues dans la boite osseuse ; la compression
est moindre, la nature plus libre et plus dégagée
dans ses actions, puisqu'elle ne sera plus opprimée
que par la congestion séreuse et que le cours des
humeurs éprouvera moins d'obstacles. Il s'agit seu-
lement de ne pas rendre ces évacuations sanguines
locales débilitantes par leur excès, et d'enlever ainsi
aux divers tissus cérébraux, une tonicité dont ils
ont tant besoin dans cette espèce d'apoplexie. Il est
bon aussi de consulter l'état général des forces ; car
il est facile de pressentir que ces évacuations san-

guines locales seraient doublement nuisibles, si on permettait qu'outre la débilité locale, elles produisissent un effet débilitant général.

Les choses en étaient à ce point, lorsque, par condescendance pour un nouveau conseil qui était survenu, le médecin consentit à l'administration d'un lavement purgatif qu'il avait fait préparer d'avance et à l'application de quatre sinapismes aux extrémités inférieures. Il fut passé outre au sujet de la crainte énoncée plus haut à propos du pédiluve sinapisé. Le médecin pensa que l'action révulsive des topiques irritans est moins vive et moins prompte dans ces cas d'anesthésie, et espérait d'autre part que les inconvéniens de ce mode d'action seraient suffisamment compensés par l'excitation générale des forces qui se répéterait sur l'estomac dont elle releverait l'énergie. On procéda donc à l'exécution de ces diverses prescriptions ; mais elles ne renfermaient que des remèdes annoncés d'avance par le médecin. Il fallait bien que le chirurgien nouveau venu se signalât par quelque innovation. Si , sur ces entrefaites , on eût encore parlé de sangsues et de saignée, qu'aurais-tu répondu à cet aveugle polypharmaque ? Ne lui aurais-tu pas dit que l'art de la médecine ne consiste pas à couvrir un malade de remèdes qui se contrarieront les uns les autres et dont les actions inverses occasioneront une distraction funeste dans les forces vitales ; que c'est un choix judicieux et une bonne méthode qui caractérisent le praticien habile ; que, dans le cas actuel , toutes les indications étaient contraires à la saignée ; qu'outre que celle-ci serait promptement mortelle , parce que l'apoplexie était de nature séreuse , c'est que, fût-elle indiquée, le moment n'était pas opportun ; qu'elle épuiserait le corps à pure perte ; qu'elle distrairait les forces de l'estomac , affai-

blirait cet organe et le réduirait à l'impossibilité de
se délivrer des matières qui le surchargent ; qu'elle
occasionerait et aggraverait l'état d'indigestion ;
que la plénitude de l'estomac était une contr'in-
dication formelle et que le malade ne tarderait pas de
succomber accablé sous le poids des alimens de son
déjeuner, du liquide qu'il avait avalé et du lavement qu'on venait de lui donner ; que d'ailleurs
il n'existait aucun indice d'une forte congestion sanguine ; que conséquemment il était urgent de provoquer avant tout des évacuations par le haut ou
par le bas ; qu'il fallait donc à cet effet continuer la
même potion, puisqu'il n'avait encore été pris que
quatre grains de tartre stibié, ce qui est une dose
incomplette dans ces cas ; que quelques grains encore allaient définitivement provoquer un acte qui
se manifestait déjà par des efforts multipliés, que
la saignée ne ferait qu'enrayer ; que, même dans
l'état ordinaire, on ne se hasarderait pas de pratiquer une saignée durant l'action d'un vomitif ; et
que, au défaut d'action du vomitif, on devrait
solliciter les évacuations alvines par la réitération
d'un demi-lavement plus énergique et entraîner le
tout par en bas ?

Telle est précisément la réponse péremptoire qui
fut opposée à la proposition de la saignée faite
par le chirurgien. Celui-ci convaincu ou plutôt
confondu par ces raisons qu'il ne comprenait pas
et qu'il savait encore moins combattre, se retrancha
sur le blâme qui rejaillirait sur les hommes de l'art,
de l'omission d'une pratique désignée par l'opinion
du vulgaire. Le médecin termina la discussion par
les mots de devoir et de conscience. Je te fais
grâce, mon ami, de la bassesse des moyens employés dans cette circonstance, des scènes scanda-
leuses qui eurent lieu, de l'apostrophe que le

chirurgien déhonté fit publiquement au médecin, de l'appel qu'il fit à l'opinion des assistans, de l'impudeur avec laquelle il abusa de l'erreur et du préjugé vulgaires, de ses invocations à la popularité et à la mode de l'emploi des sangsues, et enfin de son refus à attendre de nouveaux avis. Son but est rempli, la saignée est décrétée. Le médecin lui renouvelle publiquement son opposition et décline ses motifs. Efforts inutiles ......! le sang va couler; le médecin se retire, on le supplie de rester. Il y consent en protestant de sa non-participation. Le sang coule; bientôt le pouls s'affaiblit, devient irrégulier, le teint redevient blafard, les traits de la face se décomposent, la respiration naguère libre est pénible et stertoreuse, la déglutition impossible. Néanmoins le sang coule toujours; quatre palettes en sont remplies. Quarante sangsues appliquées je ne sais pourquoi aux malléoles, achèvent d'ensanglanter ce théâtre d'horreur. Le médecin, en proie à l'indignation et à la douleur, ne peut soutenir plus long-temps cet horrible spectacle; il se croit transporté dans un antre de Cannibales; il fuit épouvanté, abandonne à la hâte ce lieu de mort et de désolation; et il ne lui reste au milieu de tant de secousses pénibles, pour soutenir son courage, que le témoignage de sa conscience qui le confirme dans l'idée consolante qu'il a rempli son devoir. Demi-heure après le malade n'est plus.

Adieu, mon ami, je m'abstiens de tout commentaire et de toute réflexion. J'abandonne ce soin à ta sagacité. Mais, dans le jugement que tu porteras, garde-toi de perdre de vue cet aphorisme d'Hippocrate : *apoplexiam fortem tollere impossibile, levem verò non facile.* ( Sect. 11, Aph. 42 ).

IMPRIMERIE DE DURAND-BELLE. = 1824.